Autres beaux petits livres parus sur ce thème :

A la femme que j'aime   A toi que j'aime
A l'homme que j'aime   Célébration de l'amour
Le baiser   I love you
L'amour, citations   L'amour c'est pour toujours
Mon grand amour   Tu me manques
Pour mon mari avec amour   Florilège à la gloire de l'amour
Je pense à toi

ISBN 2-87388-119-4
D/7003/1997/20
Choix des textes : Bernadette Thomas.
12 11 10 9 8 7 6 5 4 3
Imprimé en Chine

Cette petite anthologie de poésies ou d'extraits de poésies exprime des coups de cœur, ceux du souvenir, ceux de la découverte. Elle ne pourrait être exhaustive ; envoyez-nous vos coups de cœur, nous les publierons dans le prochain recueil.

L'éditeur remercie toutes les personnes ou organismes ayant autorisé la reproduction d'œuvres protégées par des droits d'auteur.

Illustrations : Archiv für Kunst (AKG), Bridgeman Art Library (BAL), Edimedia (EDM), Fine Art Photographic Library Ltd (FAP), Giraudon (GIR), Scala (SCA). Page de couverture : © 1995 Maurice Chabas, « Dimanche », Waterhouse and Dodd, Londres/BAL ; page 5 : © 1995 Hugh Goldwyn Rivière, « Le jardin d'Eden », Guildhall Art Gallery, Corporation de Londres/BAL ; page 6 : AKG ; page 8 : Collection privée/BAL ; page 11 : EDM ; page 12 : Whitford and Hughes/BAL ; page 15 : SCA ; page 17 : © 1995 Chris Beetles ; page 19 : EDM ; page 20 : AKG ; page 23 : AKG ; page 25 : © 1995 Maria Dewey Oakey, « Jardin en mai », National Museum of American Art, Smithsonian/BAL ; page 26 : Magyar Nemzeti Galeria Budapest/BAL ; page 29 : AKG ; page 31 : © 1995 Maurice Chabas, « Dimanche », Waterhouse and Dodd, Londres/BAL ; page 33 : AKG ; page 34 : © 1995 Chris Beetles ; page 37 : © 1995 George Hyde Pownall, « L'heure du théâtre, Drury Lane, Londres », par courtoisie de Bourne Gallery, Reigate/FAP ; page 38 : Rijksmuseum Kroller Muller, Otterloo/BAL ; page 40 : AKG ; page 42 : Musée des Augustins, Toulouse, GIR/BAL ; page 44 : Hermitage St-Petersbourg/BAL ; page 47 : Victoria et Albert Museum Londres/BAL ; pages 48-49 : AKG ; page 50 : Whitford and Hughes, Londres/BAL ; page 53 : AKG ; page 54 : © 1995 Patrick William Adam, « Intérieur, le matin », Oldham Art Gallery, Lanes/BAL ; page 57 : Chenil Galleries, Londres/BAL ; pages 58-59 : AKG ; page 60 : © 1995 Chris Beetles.
Textes : Khalil Gibran, « Le Prophète », avec la permission du National Committee of Gibran 1951 ; Jacques Prévert, « Paroles », © Editions Gallimard ; L. Senghor, « Œuvre poétique », © Editions Le Seuil ; Maurice Carême, « Ma bien-aimée », © Fondation Maurice Carême ; Jacques Salomé, « Paroles d'amour », © Editions Albin Michel ; Jacques Brel, « La chanson des vieux amants », © Editions Pouchenel/Fondation J. Brel.
Si, malgré nos recherches, un détenteur de droits avait été oublié, qu'il veuille bien se manifester afin de réparer cette omission dans la prochaine édition de ce livre.

PAGES *d'* AMOUR

DE RONSARD

À SALOMÉ

Les plus beaux

Poèmes d'Amour

EXLEY

PARIS - LONDRES

MON RÊVE FAMILIER

Je fais souvent ce rêve étrange et pénétrant
D'une femme inconnue, et que j'aime, et qui m'aime,
Et qui n'est, chaque fois, ni tout à fait la même
Ni tout à fait une autre, et m'aime et me comprend.

Car elle me comprend, et mon cœur, transparent
Pour elle seule, hélas ! cesse d'être un problème
Pour elle seule, et les moiteurs de mon front blême,
Elle seule les sait rafraîchir, en pleurant.

Est-elle brune, blonde ou rousse ? — Je l'ignore.
Son nom ? Je me souviens qu'il est doux et sonore
Comme ceux des aimés que la Vie exila.

Son regard est pareil au regard des statues,
Et, pour sa voix, lointaine, et calme, et grave, elle a
L'inflexion des voix chères qui se sont tues.

PAUL VERLAINE

Je monterai les champs de lin,
Des cloches d'or à mes souliers.
Tu les entendras de plus loin
Que le plus lointain des clochers.
Oui, je déboucherai des chênes,
Des fils d'aurore à tous les doigts,
Et tu ne verras plus que moi
Sur tous les chemins de la plaine.

MAURICE CARÊME, « La bien-aimée ».

LE PRÉSAGE

Oui, je vais le revoir, je le sens, j'en suis sûre !
Mon front brûle et rougit ; un charme est dans mes pleurs ;
Je veux parler, j'écoute et j'attends… doux augure !
L'air est chargé d'espoir… il revient… je le jure…

Me voici sur la route, et j'ai fui ma fenêtre.
Trop de fleurs l'ombrageaient… Quoi ! c'est encor l'été ?
Quoi ? Les champs sont en fleurs ? Le monde est habité ?
Hier, c'est donc lui qui manquait à mon être ?
Hier, pas un rayon n'éclairait mon ennui ;
Dieu !… l'été, la lumière et le ciel, c'est donc lui !

Oui, ma vie ! oui, tout rit à deux âmes fidèles.
Tu viens : l'été, l'amour, le ciel, tout est à moi,
Et je sens qu'il m'éclôt des ailes
Pour m'élancer vers toi.

MARCELINE DESBORDES-VALMORE

10

Hᴀ ! ᴍᴏɴ ᴄœᴜʀ

Ha ! mon Cœur, que je vis heureux
Maintenant que je suis amoureux :
Ha belle nuit entre les belles,
Si souvent j'en avais de telles,
Je ne voudrais pas être Dieu !
Tantôt, nous nous fâchons ensemble,
Tantôt, un baiser nous rassemble
Doucement, puis ce boutefeu
Amour, entre deux bouches closes
Invente mille douces choses
Pour vous en donner à choisir :
Sa flamme n'étant paresseuse
En la passion amoureuse
D'allumer un nouveau plaisir.

RÉMI BELLEAU

CHANSON DE FORTUNIO

Si vous croyez que je vais dire
    Qui j'ose aimer,
Je ne saurais, pour un empire,
    Vous la nommer.

Nous allons chanter à la ronde,
    Si vous voulez,
Que je l'adore et qu'elle est blonde
    Comme les blés.

Je fais ce que sa fantaisie
    Veut m'ordonner,
Et je puis, s'il lui faut ma vie,
    La lui donner.

Du mal qu'une amour ignorée
    Nous fait souffrir,
J'en porte l'âme déchirée
    Jusqu'à mourir.

Mais j'aime trop pour que je die
    Qui j'ose aimer,
Et je veux mourir pour ma mie
    Sans la nommer.

ALFRED DE MUSSET

LA CHANSON DES VIEUX AMANTS

Bien sûr nous eûmes des orages
Vingt ans d'amour c'est l'amour fol
Mille fois tu pris ton bagage
Mille fois je pris mon envol
Et chaque meuble se souvient
Dans cette chambre sans berceau
Des éclats des vieilles tempêtes
Plus rien ne ressemblait à rien
Tu avais perdu le goût de l'eau
Et moi celui de la conquête.

Mais mon amour
Mon doux mon tendre mon merveilleux amour
De l'aube claire jusqu'à la fin du jour
Je t'aime encore tu sais je t'aime.

Moi je sais tous tes sortilèges
Tu sais tous mes envoûtements
Tu m'as gardé de piège en piège
Je t'ai perdue de temps en temps
Bien sûr tu pris quelques amants
Il fallait bien passer le temps
Il faut bien que le corps exulte
Finalement finalement
Il nous fallut bien du talent
Pour être vieux sans être adultes.

Et plus le temps nous fait cortège
Et plus le temps nous fait tourment
Mais n'est-ce pas le pire piège
Que vivre en paix pour des amants.
Bien sûr tu pleures un peu moins tôt
Je me déchire un peu plus tard
Nous protégeons moins nos mystères
On laisse moins faire le hasard
On se méfie du fil de l'eau
Mais c'est toujours la tendre guerre.

JACQUES BREL

Il faisait presque nuit. La chambre était obscure.
Nous étions dans ce calme alangui que procure
La fatigue, et j'étais assis à ses genoux.
Ses yeux cernés, mais plus caressants et plus doux,
Se souvenaient encor de l'extase finie,
Et ce regard voilé, long comme une agonie,
Me faisait palpiter le cœur à le briser.
Le logis était plein d'une odeur de baiser.
Ses magnétiques yeux me tenaient sous leurs charmes ;
Et je lui pris les mains et les couvris de larmes.

Moi qui savais déjà l'aimer jusqu'à la mort,
Je vis que je l'aimais bien mieux et bien plus fort
Et que ma passion s'était encore accrue.

Et j'écoutais rouler les fiacres dans la rue.

FRANÇOIS COPPÉE

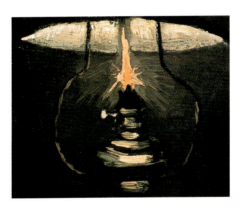

LE LAC (extraits)

AINSI, toujours poussés vers de nouveaux rivages,
Dans la nuit éternelle emportés sans retour,
Ne pourrons-nous jamais sur l'océan des âges
    Jeter l'ancre un seul jour ?

Un soir, t'en souvient-il ? nous voguions en silence ;
On n'entendait au loin, sur l'onde et sous les cieux,
Que le bruit des rameurs qui frappaient en cadence
    Tes flots harmonieux.

Tout à coup des accents inconnus à la terre
Du rivage charmé frappèrent les échos ;
Le flot fut attentif, et la voix qui m'est chère
    Laissa tomber ces mots :

« O temps, suspends ton vol ! et vous, heures propices,
    Suspendez votre cours !
Laissez-nous savourer les rapides délices
    Des plus beaux de nos jours !

« Aimons donc, aimons donc ! de l'heure fugitive,
    Hâtons-nous, jouissons !
L'homme n'a point de port, le temps n'a point de rive :
    Il coule, et nous passons ! »

Nous aurons des lits pleins d'odeurs légères,
Des divans profonds comme des tombeaux,
Et d'étranges fleurs sur des étagères,
Ecloses pour nous sous des cieux plus beaux.

Usant à l'envi leurs chaleurs dernières,
Nos deux cœurs seront deux vastes flambeaux,
Qui réfléchiront leurs doubles lumières
Dans nos deux esprits, ces miroirs jumeaux.

Un soir fait de rose et de bleu mystique,
Nous échangerons un éclair unique,
Comme un long sanglot, tout chargé d'adieux ;

Et plus tard un Ange, entrouvrant les portes,
Viendra ranimer, fidèle et joyeux,
Les miroirs ternis et les flammes mortes.

CHARLES BAUDELAIRE

ODE

Mignonne allons voir si la rose,
Qui, ce matin, avait déclose
Sa robe de pourpre au soleil,
A point perdu cette vesprée,
Les plis de sa robe pourprée,
Et son teint au vôtre pareil.

Las ! voyez comme en peu d'espace,
Mignonne, elle a dessus la place,
Las, las, ses beautés laissé choir !
O vraiment marâtre nature,
Puisqu'une telle fleur ne dure
Que du matin jusques au soir !

Donc, si vous me croyez, mignonne,
Tandis que votre âge fleuronne
En sa plus verte nouveauté,
Cueillez, cueillez votre jeunesse :
Comme à cette fleur, la vieillesse
Fera ternir votre beauté.

RONSARD

X Celui-ci représente ce que
je ressens aujourd'hui
en ce moment

« Pour moi, tu n'es pas comme les autres hommes,

« Ils sont ces messieurs, toi tu viens des cieux.

« Ta bouche me fait baisser les yeux

« Et ton port me transporte

« Et je m'en découvre des trésors !

(…)

« Vraiment, je ne songe pas au reste ; j'attendrai

« Dans l'attendrissement de ma vie faite exprès.

(…)

« Tu me demandes pourquoi toi et non un autre.

« Ah ! laisse, c'est bien toi et non un autre.

« J'en suis sûre, comme du vide insensé de mon cœur

« Et comme de votre air mortellement moqueur. »

(…)

Ainsi, elle viendrait à Moi avec des yeux absolument fous,

Et elle me suivrait avec ces yeux-là partout, partout !

Extraits de « *DERNIERS VERS* », de JULES LAFORGUE

LE PONT MIRABEAU

Sous le pont Mirabeau coule la Seine
        Et nos amours
    Faut-il qu'il m'en souvienne
La joie venait toujours après la peine

            Vienne la nuit sonne l'heure
            Les jours s'en vont je demeure

Les mains dans les mains restons face à face
        Tandis que sous
    Le pont de nos bras passe
Des éternels regards l'onde si lasse

            Vienne la nuit sonne l'heure
            Les jours s'en vont je demeure

L'amour s'en va comme cette eau courante
        L'amour s'en va
    Comme la vie est lente
Et comme l'espérance est violente

            Vienne la nuit sonne l'heure
            Les jours s'en vont je demeure

Passent les jours et passent les semaines
        Ni le temps passé
    Ni les amours reviennent
Sous le pont Mirabeau coule la Seine

            Vienne la nuit sonne l'heure
            Les jours s'en vont je demeure

GUILLAUME APOLLINAIRE

A la très-chère, à la très-belle
Qui remplit mon cœur de clarté,
A l'ange, à l'idole immortelle,
Salut en l'immortalité !

Elle se répand dans ma vie
Comme un air imprégné de sel,
Et dans mon âme inassouvie
Verse le goût de l'éternel.

Sachet toujours frais qui parfume
L'atmosphère d'un cher réduit,
Encensoir oublié qui fume
En secret à travers la nuit,

Comment, amour incorruptible,
T'exprimer avec vérité ?
Grain de musc qui gis, invisible,
Au fond de mon éternité !

A la très-bonne, à la très-belle
Qui fait ma joie et ma santé,
A l'ange, à l'idole immortelle,
Salut en l'immortalité !

CHARLES BAUDELAIRE

LA PLUS BELLE DES DEMANDES

La plus belle des demandes
est celle que j'ai attendue longtemps,
si longtemps…
La plus belle des demandes
est celle que j'ai reçue
un matin de toi.

« Conduis-moi vers le plaisir,
accompagne-moi à la rencontre
de tous mes sens.
Sur les chemins ouverts de mon corps
ne me précède pas,
suis-moi mon vivace,
allons vers ta joyeuseté
mon tout tendre.
Regarde-moi à plein regard
surprends-moi par tes attentions,
étonne-moi par tes caresses,
emporte-moi au plus loin de mes
possibles. »

La plus belle des demandes
est celle que j'ai reçue de toi.

JACQUES SALOMÉ

La voix de l'Afrique planant
au-dessus de la rage des canons longs
La voix de ton cœur de ton sang,
écoute-la sous le délire de ta tête de tes cris.
Écoute sa voix bleue dans l'air lavé de haine,
vois le sacrificateur verser les libations
au pied du tumulus.
Elle proclame le grand émoi qui fait trembler
les corps aux souffles chauds d'Avril
Elle proclame l'attente amoureuse
du renouveau dans la fièvre de ce printemps
Elle dit ton baiser plus fort
que la haine et la mort.

LÉOPOLD SÉDAR SENGHOR

PARIS AT NIGHT

Trois allumettes une à une allumées dans la nuit

La première pour voir ton visage tout entier

La seconde pour voir tes yeux

La dernière pour voir ta bouche

Et l'obscurité tout entière pour me rappeler tout cela

En te serrant dans mes bras.

JACQUES PRÉVERT, « PAROLES », Le Calligraphe

« J'ai quelqu'un dans le cœur », deviez-vous dire un jour
à ceux qui vous proposeraient un autre amour.
« J'ai quelqu'un dans le cœur. » Et ce quelqu'un, c'est moi.
« J'ai quelqu'un dans le cœur. » Je pensais à cela,
à ces mots infinis par lesquels vous donniez
votre cœur à mon cœur, ô lierre qui mouriez...
Et je ne sais pourquoi, songeant à votre cœur,
Je le voyais pareil au cœur frais d'une fleur,
A la fleur du cœur frais d'une rose de haie.

Vous m'avez regardé avec toute votre âme.
Vous m'avez regardé longtemps comme un ciel bleu.
J'ai mis votre regard à l'ombre de mes yeux...
Que ce regard était passionné et calme...

FRANCIS JAMMES

AU BORD DE L'EAU

Pendant cinq mois entiers, chaque soir, sur la rive,
Plein d'un emportement qui jamais ne faiblit,
J'ai caressé sur l'herbe ainsi que dans un lit
Cette fille superbe, ignorante et lascive.
Et le matin, mordus encor du souvenir
Quoique tout alanguis des baisers de la veille,
Dès l'heure où, dans la plaine, un chant d'oiseau s'éveille,
Nous trouvions que la nuit tardait bien à venir.

Quelquefois, oubliant que le jour dût éclore,
Nous nous laissions surprendre embrassés, par l'aurore.
Vite, nous revenions le long des clairs chemins,
Mes deux yeux dans ses yeux, ses deux mains
Dans mes mains…

GUY DE MAUPASSANT

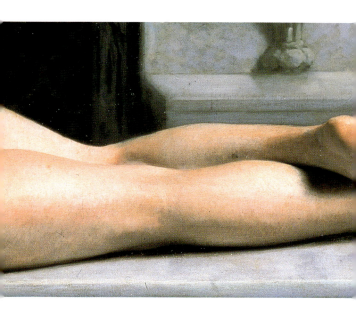

LES PAS

Tes pas, enfants de mon silence,
Saintement, lentement placés,
Vers le lit de ma vigilance
Procèdent muets et glacés.

Personne pure, ombre divine,
Qu'ils sont doux, tes pas retenus!
Dieux !... tous les dons que je devine
Viennent à moi sur ces pieds nus !

Si, de tes lèvres avancées,
Tu prépares pour l'apaiser,
A l'habitant de mes pensées
La nourriture d'un baiser,

Ne hâte pas cet acte tendre,
Douceur d'être et de n'être pas,
Car j'ai vécu de vous attendre,
Et mon cœur n'était que vos pas.

PAUL VALÉRY

Nocturne

O mer, toi que je sens frémir
A travers la nuit creuse,
Comme le sein d'une amoureuse
Qui ne peut pas dormir ;

Le vent lourd frappe la falaise...
Quoi ! si le chant moqueur
D'une sirène est dans mon cœur —
O cœur, divin malaise.

Quoi, plus de larmes, ni d'avoir
Personne qui vous plaigne...
Tout bas, comme d'un flanc qui saigne,
Il s'est mis à pleuvoir.

PAUL-JEAN TOULET

Demain, dès l'aube, à l'heure où blanchit la campagne.

Je partirai. Vois-tu, je sais que tu m'attends.

J'irai par la forêt, j'irai par la montagne.

Je ne puis demeurer loin de toi plus longtemps.

VICTOR HUGO

Elle J'entends mon chéri !
    Le voici : il vient !
    Sautant par-dessus les monts,
    bondissant par-dessus les collines,
    mon chéri est comparable à une gazelle
    ou à un faon de biche.
    Le voici : il s'arrête derrière notre mur ;
    il regarde par la fenêtre ;
    il épie par le treillis :

Lui Debout, toi, ma compagne,
    ma belle, et viens-t'en.
    Car voici que l'hiver passe ;
    la pluie cesse, elle s'en va.
    On voit des fleurs dans le pays ;
    la saison de la chanson arrive ;
    et on entend dans notre pays
    la voix de la tourterelle.
    Le figuier mûrit son fruit vert
    et les ceps en bouton donnent leur senteur.
    Debout, toi, ma compagne,
    ma belle, et viens-t'en.
    Ma colombe au creux d'un rocher,
    au plus caché d'une falaise,

fais-moi voir ton visage,
fais-moi entendre ta voix ;
car ta voix est agréable,
et ton visage est joli.

Elle Que tu es beau, mon chéri, combien gracieux !
Combien verdoyante est notre couche !
Les poutres de notre maison sont les pins,
et nos lambris, les genévriers.
Je suis un narcisse de la Plaine,
un lis des vallées.

Lui Comme un lis parmi les ronces,
telle est ma compagne parmi les filles.

Elle Comme un pommier parmi les arbres de la forêt,
tel est mon chéri parmi les garçons.
A son ombre, selon mon désir, je m'assieds ;
et son fruit est doux à mon palais.

LE CANTIQUE DES CANTIQUES (Ve s. av. J.-C.)

Mes cheveux emmêlés

ne couperai pas :

Ta main, mon amour,

Les toucha comme une plume.

DODOITZU
JAPONAIS

Avec mes vieilles mains de ton front rapprochées
J'écarte tes cheveux et je baise, ce soir,
Pendant ton bref sommeil au bord de l'âtre noir
La ferveur de tes yeux, sous tes longs cils cachée.

Oh ! la bonne tendresse en cette fin de jour !
Mes yeux suivent les ans dont l'existence est faite
Et tout à coup ta vie y paraît si parfaite
Qu'un émouvant respect attendrit mon amour.

Et comme au temps où tu m'étais la fiancée
L'ardeur me vient encor de tomber à genoux
Et de toucher la place où bat ton cœur si doux
Avec des doigts aussi chastes que mes pensées.

ÉMILE VERHAEREN

SONNET

Je vis, je meurs ; je me brûle et me noie,
J'ai chaud extrême en endurant froidure ;
La vie m'est et trop molle et trop dure ;
J'ai grands ennuis entremêlés de joie.

Tout à coup je ris et je larmoie,
Et en plaisir maint grief tourment j'endure ;
Mon bien s'en va, et à jamais il dure ;
Tout en un coup je sèche et je verdoie.

Ainsi Amour inconstamment me mène ;
Et quand je pense avoir plus de douleur,
Sans y penser je me trouve hors de peine.

Puis, quand je crois ma joie être certaine,
Et être au haut de mon désiré heur,
Il me remet en mon premier malheur.

LOUISE LABÉ

J'AI LE CŒUR

J'ai le cœur si plein de joie
Qu'il transmue Nature ;
Le gel me semble fleur blanche,
Vermeille et dorée.
Avec le vent et la pluie
Mon bonheur s'accroît ;
C'est pourquoi mon Prix s'exalte
Et mon chant s'épure.
J'ai tant d'amour au cœur
De joie et de douceur
Que frimas est une fleur
Et neige, verdure.

BERNARD DE VENTADOUR

Quand l'amour vous fait signe, suivez-le,
Bien que ses voies soient dures et escarpées.
Et lorsque ses ailes vous enveloppent, cédez-lui,
Bien que l'épée cachée dans son pennage puisse vous blesser.
Et lorsqu'il vous parle, croyez en lui,
Malgré que sa voix puisse briser vos rêves comme le vent
        du nord saccage vos jardins.

Car de même que l'amour vous couronne, il doit
        vous crucifier. De même qu'il est pour votre croissance,
        il est aussi pour votre élagage.
De même qu'il s'élève à votre hauteur et caresse vos branches
        les plus légères qui tremblent dans le soleil,
Ainsi pénétrera-t-il jusques à vos racines et secouera
        dans leur attachement à la terre.

Comme des gerbes de blé il vous emporte.
Il vous bat pour vous mettre à nu.
Il vous tamise pour vous libérer de votre bale.
Il vous broie jusqu'à la blancheur.
Il vous pétrit jusqu'à ce que vous soyez souples ;
Et alors il vous livre à son feu, pour que vous puissiez devenir
        le pain sacré du festin de Dieu.

Toutes ces choses, l'amour vous les fera pour que vous puissiez
        connaître les secrets de votre cœur et devenir,
        en cette connaissance, un fragment du cœur de la Vie.

Mais si, dans votre peur, vous ne recherchez que la paix
        de l'amour et le plaisir de l'amour,
Alors il vaut mieux couvrir votre nudité et sortir de l'aire
        de l'amour,
Pour vous rendre dans le monde sans saisons où vous rirez,
        mais non pas tous vos rires, et pleurerez,
        mais non pas toutes vos larmes.

L'amour ne donne que de lui-même et ne prend
        que de lui-même.
L'amour ne possède pas, et ne veut pas être possédé ;
Car l'amour suffit à l'amour.

Quand vous aimez, vous ne devez pas dire
        « Dieu est dans mon cœur », mais plutôt,
        « Je suis dans le cœur de Dieu ».
Et ne pensez pas que vous pouvez guider le cours
        de l'amour, car l'amour, s'il vous trouve dignes,
        dirigera votre cours.

L'amour n'a point d'autre désir que de s'accomplir.

KHALIL GIBRAN, « Le Prophète »